JN409407

신이시여!

도서출판 국보

신이시여!

초판 인쇄 2015년 1월 31일
초판 발행 2015년 2월 04일

지은이 박윤주
발행인 임수홍
편 집 안영임
디자인 맹신형

발행처 도서출판 국보
주 소 서울 강동구 양재대로 114길 32 2층
전 화 02-476-2757~8 FAX 02-475-2759
카 페 http://cafe.daum.net/lsh19577
E-mail kbmh11@hanmail.net

값 10,000 원

ISBN 978-89-93533-96-5

「이 도서의 국립중앙도서관 출판예정도서목록(CIP)은 서지정보유통지원시스템 홈페이지(http://seoji.nl.go.kr)와 국가자료공동목록시스템(http://www.nl.go.kr/kolisnet)에서 이용하실 수 있습니다.(CIP제어번호: CIP2015002726)」

시집을 내면서

그간 내 시집을 읽어주신 분들께 감사드린다.

7집은 꾸밈없이 나오는 대로 표현하고 싶은 소재를 선택했다. 이 책에 관계한 모든 여러분들께 감사드린다.

하나님! 감사합니다.

박윤주

Contents

제1장 내 곁에 있어줘

제2장 그는 꽃을 보고 아름답다고 했다

Contents

제3장 기차여행

제4장 국화의 미소

Contents

제5장 엄마와 자전거

제1장

내 곁에 있어줘

나는 그이가 좋다
부족한 나를 깊이 사랑해준다
내 곁에 있어줘.

빨간 수첩

있잖아 내 맘속에 스며드는 암 덩어리 있지
날 아프게 한 이들!
적어둬야지
복수는 가라
희망이여, 멈춰라.

동생

너희들이 시냇물에 손을 담그면
나는 강가에 나가 바다를
전망한다
증요하면서도 기다리는 내 피를
알듯이 철새들도 떼지어
날아온다.

술

술은 분위기를 흥겹게 하고
가슴을 취하게 한다
대체로 술을 마시면 말이 많아진다
가슴 속 묻어두었던 말 술을 마시면
잘도 꺼내놓는다
둘은 친구가 된다.

연필

굴러간다 또르르 굴러간다
지우개가 가고 나면
쓱싹 자리를 잡는다.

크리스마스

난 크리스마스가 좋다
약속을 잘 지키니까.

신이시여

세상에 빛을 발하여주소서
재난을 막아주시고
가난하여 헐벗은 자들에게
돈을 주소서
빛을 주소서
세계가 하나가 되게
하소서.

친구

사랑하여 질투하는 이 맘은
우리가 친구라는 것.

시인

송강 정철은 애주가라서 시에도
술에 대한 글을 썼다.
그분은 시인이었다
나도 시인이고 술을 좋아한다
그런데 계모는 술을 못 먹게 한다
이상하다
계모는 이상하다
정신병원에 가야 되나 보다
우리 엄마는 안 그런데.

국화

국화의 미소는 귀하다
미소는 귀하다.

내 곁에 있어줘

나는 그이가 좋다
부족한 나를 깊이 사랑해준다
내 곁에 있어줘.

얼굴

카멜레온처럼 변한 니 얼굴
어디 구경이나 해보자.

지우개

편지를 쓰고 나니 눈물이
났다
눈물이 번진다
지우개가 어딨더라
아참. 종이가 다 젖엇지!

눈

눈이 바쁘게 내려오기 시작한다
이렇게 쌓이다간 우리 아들 학교 가기
어렵겠네
눈아! 눈아!
우리 아들 넘어질라!!

여우

여우야, 뭐하니?
늑대가 나타났다
니가 이기나 봐라
여자가 남자를 무시해?!

산토끼

헤매다니지 말고 집에 일찍
들어오거라
거북이랑 또 싸우면
피던 담배 안사줄란다.

자존심

사람들은 쉽게 자존심을 짓밟기도
한다
그 상처에 울기도 하고 화내다
싸우기도 하고 대화해서 풀기도
하고!
나는 수없이 자존심을 짓밟히곤
했다
그럴땐 신을 찾는다
하나님!

탤런트

나도 탤런트다
두려울 땐 연기를 한다
구차한 건 싫다
우리네 다 이심전심 아니던가!

친구

찢어지다가도 친해지는 게
우정이다
한 손 먼저 내미는 자가
이기는 거다
하기야 친구사이 이기고 지고
할게 뭐가 있겠소?!
사랑 타령이나 같이 합세.

사오정

내 별명이 사오정인적인 잠깐 있었다
사오정은 순수하고 웃긴다
진짜 나랑 닮았구나!
내 자랑이 되었네, 그래!!

제2장

그는 꽃을 보고 아름답다고 했다

그가 말했다
꽃이 어때?
예쁘지 뭐
누구든 꽃은 예쁘다고 한다
남자들은?

인형

내 남편은 나를 보고 종이
인형 같다고 말한다
내가 봐도 방긋 똥그란 얼굴이
그렇게 보일만도 하다
체, 자기는 탤런트 같으면서,
특히 영화배우!

비디오

나도 비디오에 찍혀 동영상을
보고 싶다
때로는 연기해서 살아야 하는 삶을
나는 오늘도 했다
나는 로봇트가 아니다
이제 내 모습대로 살거다
그것이 손해를 가져온다 할지라도!
밥 좀 비벼 먹어야지.

그는 꽃을 보고 아름답다고 했다

그가 말했다
꽃이 어때?
예쁘지 뭐
누구든 꽃은 예쁘다고 한다
남자들은?

경찰

경찰이 깡패인지, 사채업자인지 모르겠다
다시 한 번 가보자, 그때 그 자리.

물

물을 컵에 채워라
흔들어보아라
야, 물 쏟아진다
희망을 담자
희망이 넘실거린다.

컵

컵에 사랑을 채워라
용기를 채워라
성공이 꽉 찼다
건배다, 아하핫

포장마차

나는 곧잘 포장마차에서 술을
마시고 싶다
그런데 계모는 술을 못 먹게
한다
포장마차도 없다
내 낭만은 메마르고 TV나
보며 짜증스럽곤 한다
너! 정말, 할게 그렇게 없어?
편하게 TV 보는 것도
행복한거야!

선풍기

날아라, 바람아!
내 머리 좀 식히게
선풍기는 신나게 논다
나는 음흉하게 김치 사각사각
라면을 먹는다.

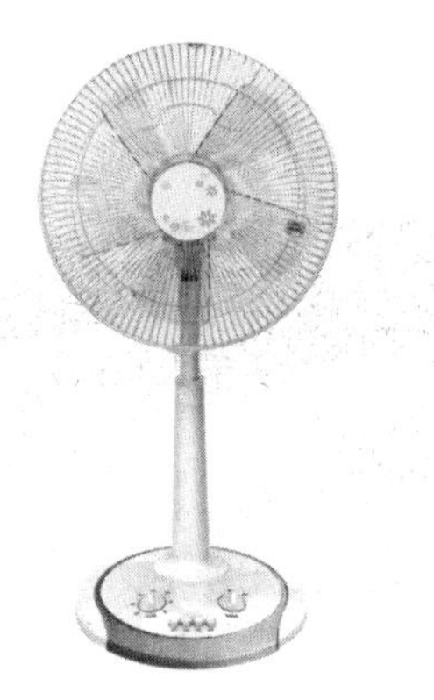

술

마음이 운다 가슴이 울어
심심한 술로 한잔 달래본다
우리네 친구는 술일세.

피아노

아리랑 날 두고 가시는 님은
십리도 못 가서 발병난다

이 노래는 있는 그대로 가사라서
매우 좋다
피아노를 친다
장미꽃 꺾더니 이제야 내가
미우면 울지도 못하고 어떡하나?
아핫, 역시 아리랑이다.

자전거

과일을 싣고 달린다
애기 줄 과일 싣고
히죽 웃으며 '거참' 잘도
달린다.

우유

나에게 우유를 사주기 위해
엄마는 오늘도 인사를 했겠지
자꾸만 자꾸 사주려고
엄마는 인사를 했겠지.

트라이 앵글

노래방이다
트라이앵글 짠짠짠
짖어댄다
아참, 탬버린인가?
노래방은 누가 참 잘
만들었다.

언니

그 언니가 있었지
분노하며 소리 지르곤 하던
그래도 내가 '언니' 하며
안아주면 멈추곤 했지
그게 사랑이야
언니는 사랑을 알았어.

오징어

덥석 으흐흐
부제목은 맥주
오징어 싫어하는 이는
없을걸요
사랑해요
오징어 좋아하는 분들!

사과

냉장고 안 작은 사과를 먹고 싶지 않다
썩어버리면 안 되는데
뭐든지 억지로 먹으면 안돼
사과라! 먹어야지?

시계

시계는 방안에서 틀어박혀
있다가 갑자기 소리를
질러댄다
니가 뭔데 머리도 안 감고.

산

산은 소심하여 바다에 의지하며
울창한 숲으로 그늘을 만든다.

개나리

개나리 가지 꺾어
인사를 한다
밤새 무지개 위를
걸어다닌다.

불(火)

패륜을 불 지르고 악의를 없애라
그것이 너의 운명인 것을
한번 태어나서 물로 사(死)하는
너의 숙명인 것을
우리의 약속은 지키고 말았다.
번져라. 꺼져라.

딸기

웃기는 건 니 얼굴에
점이 콕콕 박혀있다는거야.

제3장
기차여행

처음으로 기차여행 한번
가볼라유
아이야, 너도 같이 가자
으흐흐.

해바라기

해바라기 '씨' 너 하나 나 하나
고소하다
귀하다
자연이 귀하다.

사랑

이젠 그이에게 기대고 싶어요
그이의 침대에 걸터앉아
얘기 나누고 싶어요
사랑해요
그이만을.

얼음공주

니가 공주냐?
췟, 마음씨도 고약한게!

피아노

손가락이 바쁘게 움직인다
손마디가 가볍다
건반 위를 달리자
이제 좀 쉬자
헉헉!

대나무

달을 보고 대나무는 울었다.
우물 안에 달이 쉬고 있다.
우지마라, 우지마라
우리 아들 따라 울라!

노트북

술 취한 아저씨가
노트북을 집어 던졌다네
얼마나 돈을 썼는데
술이 웬수야!

산

산은 소심하여 부드럽고
울창하여 가파르다
산이 주는 나무의 그늘은
우리에게 행복을 준다.

책

책은 소심하며 깔끔하기를 좋아한다
책은 파는게 아니다
배우는거다.

핸드폰

시계를 보듯이 자꾸만
핸드폰을 쳐다본다
그에게 전화할 궁리다
까다로운 사람 같으니라구!

안개

안개 깔린 속에 귀신이
들어앉아 서 있다
안개는 귀신을 휘감고
귀신은 하품을 토해낸다.

우산

우산은 나 대신 비를 맞으며
앞으로 나아간다
우산을 접자
비가 또 내리기 전에 얼른
집에 가게.

자동차

자동차가 다가온다
친구들이 내린다
인생은 친구다.

원수

니가 가진 꼬리 아홉 개로
숨어있는 이간질 속에 질책은
높아가는데 어디 내가 그
이마 좀 날려버릴까나!
하나님!

기차 여행

처음으로 기차여행 한번
가볼라유
아이야, 너도 같이 가자
으흐흐.

하나님

박윤주 시집 「소망꽃」의 얼굴이라
전지전능하신 사랑의 하나님이라.

텔레파시

여자는 이불을 걷고
같은 욕망을 가진
남자에게 전화를 건다
남자도 침대에 누워있다
욕망을 위해 전화를
받는다
서로는 돈부자가 되기 위해
부부가 된다.

힘

오장육부의 힘이 건강이라
건강이 제일이라
건강이 힘이니까.

장난감

미끌미끌 장난감
애기손에 잘도 논다
심드렁 애기 손에
빠져나온 장난감
먼지 수북 앉아있다.

진달래꽃

꽃 이슬 한 성격
한평생 먹으며 사는 것을.

제4장
국화의 미소

국화의 얼굴 만져보다
생각한다
국화의 미소는 귀하다
미소는 귀하다.

옷

옷을 세계에 걸쳐라
기아, 테러는 없애라
옷을 바로 걸쳐라.

옷2

옷에 머플러를 길게 드리어라
너는 여왕이다
우리도 클레오파트라가
되고 싶진 않은지!?

화려함

옷이 걸쳐져 있다
그가 걸쳐져 있다
그가 입맞춤을 한다
화려한 침대여라
웃음이 밤을 만든다.

화장품

안 예쁜 여자가 없다
화장품 안에 비친 거울은
예뻐지고자 하는 그녀들의
소망을 그린다.

지우개

흐릿해져버린 너의 기억이
지우개로 완전히 지워질 때
우리는 숙명을 드린다.

사모

사모하는 님 그리워
오늘도 서성이다 이제는 눈물까지
님 없으면 힘든 세상 어찌살까.

종이배

모레가 어디까지 있나
바다모레 실려 파도 타고
종이배 내 님 태우고
돌아와다오.

봄비

내 아들 장남은 키가 크다
봄비처럼 서 있다가
눈가를 촉촉이 적시는
감동과 재주를 가진다.

귀신

커피 하나 주면 안 잡아먹지
휘이잉!!

동반자

오늘은 예수님마저 화가
나가셨나 보다
천둥. 번개 안고 나쁜 사람
혼내주러 오셨나 보다
예수님은 나의 참사랑 되심에
감사합니다.

아래층 동생

남자다
그런데 얼마나 섬세하고
그러면서 강하다
밉다가도 예쁘고 그리고
뭐더라
매력 있는 동생이다.

귀신2

귀신이 환장하여 창문 너머로
들어올 것 같다.

귀신3

깨진 거울 조각
비친 내 모습이 귀신인
줄 알고 깜짝 놀란다.

연극

오늘도 나는 무대에 선다
무대에 서면 해야 될 대사
아니야, 웃는 모습부터 연습해야지
오늘도 무대에 서기 위해
머리를 빗는다.

국화의 미소

국화의 얼굴 만져보다
생각한다
국화의 미소는 귀하다
미소는 귀하다.

향수1

이상해요, 그이에게선
이상한 냄새 자꾸 풍겨나요
아마 향수 냄새일 거예요.

있잖아요
난 그이만을 위한 향수 뿌릴 거예요
그래야 그이도 내 색깔을 찾아낼 수
있을 테니깐요

사랑합니다
찝찌르 땀에 섞인 고독한
향수 냄새까지두요.

향수2

돌아갈 수 있는 것이다
웃음 한 접시에
눈물 한 방울.

양아치 선생님

부모의 싸움과 구박에
시달려 집 나온 양아치들
불쌍하지도 않더냐?!
정이야. 니가 사랑과 힘을
주는 양아치 선생님이
되지 않겠니?!

하늘밭

애들아, 어서 와
하늘 밭 옆 우리 집 아직도 기다리잖니?

제5장

엄마와 자전거

여덟 살 때, 시골 먼 곳까지
엄마가 사가지고 온 자전거
얼마나 무겁고 힘드셨을까?!
오늘도 엄마 위해
성공을 부른다.

동그라미

굴러다니는 오뚝이는 동그랗게
생겨서 낄낄대며 웃는다
괴로운 세상 너는 마냥
좋은가보다.

반달(月)

반쪽과 떨어져서 혼자
하늘을 나네
통통 부은 얼굴로
하늘을 떠다니네
나도 그랬지
너도 지금은 그 자리네.

화장지

화장지가 물에 젖어 퉁퉁 부은
얼굴로 동그랗게 바라본다
한 장씩 나올 때마다 행복으로
둔갑하여라.

미꾸라지

미끌미끌 미꾸라지 안 잡히고
범인처럼 잘도 빠져나간다
형사 나리 이것 좀 보소
범인들이 흙탕물 속에 숨어
발만 적시네.

피아노

손가락 선율로 피아노는
라인을 그린다
무궁화 꽃이 피었습니다
눈 감고 아옹 할 사이 없이
피아노는 소리만 내다가
끝날 때는 이때다 소리를
지르며 멈춘다.

사는 것

시간이 흘러가는 것
나이를 먹어가는 것
아파하다 잠드는 것.

나무

나무야 자라라
자라다 멈추면 쉬라
다시 자라라
나를 안는 내 마음에
희망이 솟아난다
나무는 보석이다.

님 생각

오늘도 그이 생각에
사랑한단 말을 아무리 해도
모자라네
파도 소리가 들려온다.

하나님

지금 하늘 선생님 내려다
보고 있는데

너

카멜레온처럼 변한 니 얼굴색
웃다가 희롱을 하네
너 같은 작자가 있기에 사회가
이 모양이구나
아하핫! 우리도 저녁엔
삼겹살 구워 먹어야겠구나!

할머니와 샤워

할머니가 샤워를 한다
물이 할머니의 어깨부터
허리선을 타고 떨어진다
할머니도 여자다.

강아지

멍멍 똥강아지
강아지라 강아지
어딜 그리 가나
엄마 품에 가지.

형사

나리나리 형사 나리
이것 좀 보소
담장 밑에 호박을 따가는
줄 모르고 넝쿨은 여기저기
굴러가네 그려

신이시여2

안전하고 살맛 나는 세상으로
만들어 주옵소서
나와 우리의 원수를, 원한을
갚아주옵시고 은인에게는
은혜를 내리소서
우리에게 건강과 돈을
주옵소서, 하나님!

축구공

굴려라 굴려
어디 한번 굴러봐라
우리 님 계신 곳
나 항상 같이 있으니
내 마음은 첫키스.

엄마와 자전거

여덟 살 때, 시골 먼 곳까지
엄마가 사가지고 온 자전거
얼마나 무겁고 힘드셨을까?!
오늘도 엄마 위해
성공을 부른다.

등산

아카시아 막걸리향

한걸음은 건강
한걸음은 소망
한걸음은 행복

등산이 좋다.

간첩

첩자놀음 그리도 좋더냐
자수하여 떳떳하게 살라
카드빚은 어찌할꼬

님 생각2

강아지가 짖어댄다
님 생각에 창문을
열어놓고 눈물마저 안 나온다.

산다는 것2

울다가 지치는 것
세월에 의지하는 것
사랑하는 것

신이시여!